AF562809

LA FRANCE

DIVORCE-T-ELLE

AVEC LA PAPAUTÉ?

PAR

le vicomte Henri de MAYOL DE LUPÉ

PARIS
LIBRAIRIE DE POUSSIELGUE FRÈRES
RUE CASSETTE, 27.

1866

LA FRANCE

DIVORCE-T-ELLE

AVEC LA PAPAUTÉ?

La lettre de change faite sur les catholiques approche de son échéance. Les heures de la Papauté sont comptées par ses ennemis avec une joie sans pudeur; les bénéfices de la convention du 15 septembre sont escomptés d'avance par l'Italie et la France révolutionnaire. L'insolvabilité du Pape est constatée chaque jour avec éclat, et les voix les plus autorisées se fatiguent à lui rappeler sans cesse que le 15 décembre prochain il n'aura plus de caution; la France lui retirera sa garantie et le laissera seul en présence de ses créanciers rapaces. Car l'Italie n'est point satisfaite du rôle de spoliatrice, elle y ajoute encore l'hypocrisie de son attitude; à l'entendre, le Pape reste son débiteur pour le lambeau de territoire que ses ambitions annexionistes ont daigné lui découper, et comme ironie dernière, elle jette à la face de celui qu'elle a dépouillé le mot de transaction!

Lorsqu'un père de famille s'est usé dans le labeur pour

nourrir ses enfants et qu'accablé de fatigues il voit chaque journée de sueurs diminuer son épargne, accroître ses dettes et rapprocher lentement le terme fatal où son énergie et sa force devront nécessairement succomber, si le désespoir ne gagne pas cet homme, si dans la nuit sombre qui envahit peu à peu son âme il ne faiblit pas, si cette souffrance, que chaque heure lui distille avec la parcimonie cruelle du bourreau, devenu patient pour rendre le temps complice de ses tortures, n'use pas son cœur, comme la goutte d'eau qui se détache par intervalles de la voûte humide des cachots finit par en creuser les dalles; si, déchiré par les angoisses, mais toujours vaillant, il combat sans relâche jusqu'à la dernière heure; si, après une lutte acharnée et inégale il tombe vaincu, sans qu'une main généreuse se soit étendue vers lui, assurément c'est là un de ces spectacles poignants qui font monter aux lèvres de l'honnête homme le venin des malédictions contre la société et les apparentes injustices d'une Providence que le chrétien seul sait comprendre et bénir. Mais si ce Père de famille est investi de la plus haute et de la plus lourde des paternités, s'il n'a pas simplement à pourvoir à la nourriture quotidienne de ces pauvres petits êtres, faibles et dénués de tout secours, que le Ciel lui a envoyés dans sa misère, comme un rayon de soleil, un sourire d'espérance; si sa paternité est celle de toutes les âmes, si c'est le sang d'un Dieu et non plus le sang de l'homme qui lui crie de veiller à la nourriture spirituelle du troupeau qu'il a la mission de paître, ah! ce n'est plus une de ces misères trop communes qui savent ouvrir la bourse des heureux et arracher des larmes, ce n'est plus une famille réduite à chercher dans la mendicité ou dans le vice la vie qui lui échappe! C'est une quantité innombrable d'âmes, ce sont deux cent millions de catholiques qui deviennent orphelins et qui seront exposés dans leur détresse, aux prises avec les sollicitations de leur faiblesse, à prostituer la royauté sainte dont la croix a couronné leurs fronts !

Pour qui comprend la valeur incomparable d'une âme, ces périls qui nous menacent entraîneraient-ils la perte d'une seule, que leur approche devrait nous remplir de trouble et d'amertume. Sans doute aux jours de Pierre et de Paul les martyrs furent plus nombreux que les apostats, ils surent vaincre leurs persécuteurs et finirent par lasser leurs bras; l'Église encore aujourd'hui n'a pas dit le dernier mot de ses enfantements glorieux. Elle engendre dans le Christ, tel est le secret de sa fécondité immortelle. Les jours d'épreuve pour la Papauté sont aussi ceux de l'Église et de la Chrétienté. Dieu peu mettre au cœur de ses fidèles sa force vengeresse; mais qui comptera les découragements et les trahisons? Déjà nous assistons à plus d'une défaillance et le Pape est encore debout encourageant les timides, soutenant les faibles; que sera-ce lorsque la tempête sera déchaînée et que les vagues de l'iniquité auront submergé le Vatican ?

Écrire en un pareil moment peut sembler inopportun. Qu'est-il besoin de venir encore attiédir les cœurs par le tableau sombre des dangers et des forces de l'ennemi? Lorsqu'un général s'apprête à livrer bataille, il doit encourager ses troupes et leur promettre la victoire; mais ici nous n'avons pas autorité pour donner le signal du combat, et, pour jeter un cri d'alarme, point n'est besoin d'être chef ni soldat, il suffit d'être citoyen. Citoyen de la grande république chrétienne, notre droit et notre devoir sont de veiller quand l'ennemi est à nos portes.

Ne sonne-t-on pas le tocsin lors même qu'on est sûr de ne

pouvoir arrêter les ravages de l'incendie? La voix des cloches appelle du secours et dit en même temps aux Chrétiens que, si leurs efforts sont impuissants, il leur reste encore la prière. Puisse notre parole être ainsi entendue! et si elle n'a pas la vertu de troubler la conscience endormie des puissants, qu'elle soit au moins écoutée des petits et des humbles, qu'elle monte jusqu'aux oreilles des illustres et grands évêques qui ont déjà fait appel aux catholiques de France, qu'elle leur dise qu'ils ont été compris; et, tous unis par le même amour et les mêmes dangers, faisons monter vers Dieu un immense cri de détresse afin qu'il soulage l'auguste vieillard du Vatican dont les bras accablés par l'âge et l'infortune supportent tout le fardeau de nos fautes et combattent sans repos pour la liberté des âmes.

Un vent d'orage s'est levé, signe précurseur de la tempête, son souffle a passé sur la face des hommes comme sur un champ d'épis et l'on a vu leurs fronts se courber vers la terre comme une moisson mûre sous le trachant de la faux. Le monde a tremblé, les peuples se sont entre-choqués, l'ouvrage des siècles s'est évanoui en un instant; bruits d'armes, cris de victoire et de liberté, plaintes de mourants, malédictions et blasphèmes, danse macabre des nations, tumulte hideux, où l'on entend par intervalle le bruit sourd de quelque vaste écroulement! Rois vacillants sur leur trône, peuples secoués par les commotions d'un volcan caché, tout tremble et tout chancelle. Il semble qu'un nouveau Samson secoue les pierres du temple; de sinistres craquements se font entendre, les murs s'écartent pour livrer passage à la destruction et à la ruine et, au milieu de cette effroyable mêlée, la colonne de l'édifice seule reste debout; elle oscille sur sa base, mais elle domine les débris qui sont à ses pieds, hier encore pierres orgueilleuses qui prétendaient se passer de son appui.

L'édifice chrétien est tombé pièce à pièce. Seule la Papauté était sortie intacte et victorieuse de ses épreuves; elle entretenait soigneusement le feu divin, conservait dans ses mains le flambeau de la foi, attendant patiemment que le jour de Dieu vînt où sa flamme embraserait de nouveau le monde, confiante dans l'espérance invincible que l'heure de la Résurrection sonnerait. Eh bien! le jour de Dieu est arrivé! non pas le jour de triomphe, mais le jour de deuil! Resterons-nous spectateurs impassibles du grand drame qui commence?

Catholiques, Catholiques de France, mes frères de la grande famille dont Dieu a mis lui-même l'amour dans notre cœur, comme une mystérieuse préparation qui, en nous initiant à la vie de citoyen, à son abnégation, à ses héroïsmes, à ses dévoûments, nous élève vers le divin précepte de la charité; je vous adjure, levez-vous tous contre l'iniquité triomphante! Et, si l'épée de vos pères semble trop lourde à vos mains débiles, si le sang guerrier des aïeux ne bouillonne plus dans vos veines, si vous ne savez plus mourir, sachez au moins ce que les femmes savent encore, sachez pleurer et prier!

Notre intention n'est point de raconter l'histoire de ces dernières années, et, en parcourant la route tortueuse des faits accomplis, de réunir des témoignages accablants contre une politique sans dignité, sans pudeur et sans foi. Ce qu'a fait l'Italie, ce qu'on lui laissera faire encore, qui de nous l'ignore? L'avenir est trop facile à lire dans un passé déjà fécond en enseignements. Mais nous savons aussi quelle bouche peut, d'un souffle détruire cette œuvre fragile faite de mensonge et de sang, quel bras peut arrêter Garibaldi et son compagnon couronné sur le grand chemin des annexions.

L'heure des compromis est passée, le bon grain doit se séparer de l'ivraie. La révolution, dans sa lutte contre Dieu va livrer une de ses grandes batailles. Il faut que tous les bandeaux tombent, que les yeux se dessillent; il importe de savoir ce que l'on doit craindre, ce que l'on peut espérer.

Dans la crise contemporaine que traverse le Saint-Siége, nous nous préoccupons trop de Pie IX et pas assez de la Papauté. A Dieu ne plaise que nous jetions un découragement ou un blâme à la sollicitude et aux angoisses qu'inspirent aux fidèles les épreuves du glorieux Pontife; mais à côté des malheurs, des souffrances de l'homme, il ne faut pas oublier les dangers qui menacent l'institution dont il est le représentant. Nous gémissons sur le sort tourmenté du grand Pie IX, et nous nous laissons aller en même temps aux consolations d'une confiance inconsidérée en présence de la chute du pouvoir temporel. C'est mal répondre à la douleur de notre auguste Chef; l'exil, la vie errante et persécutée ne l'effrayent point, il ne regrette pas sa couronne, il en changerait avec joie les pierreries contre des épines; ce qui abreuve son âme d'amertume, c'est qu'il sait que cette couronne n'est point la sienne, que c'est la royauté du Christ qui sera persécutée en sa personne. Non, non! si nous tremblons de voir *le serviteur des serviteurs de Dieu* succomber un instant sous la marée montante de la Révolution, ce ne sont ni les tristesses vénérables de l'exilé, ni les tribulations saintes du vieillard détrôné, qui nous plongent dans la stupeur. Les églises de Rome profanées et dévastées, leurs richesses pillées, des trésors de science et d'art livrés à la brutalité d'une tourbe stupide, ses prélats, ses prêtres et ses moines dispersés, chassés et dépouillés, tout cela nous touche assurément; mais ce que nous redoutons avant tout, c'est l'amoindrissement du royaume de Dieu, c'est le triomphe des puissances d'en bas, c'est le règne des ténèbres sur les intelligences étendant ses frontières.

Ce n'est pas d'aujourd'hui que le pouvoir temporel des successeurs de Pierre est violemment attaqué. La matière soumise à l'esprit et lui prêtant son docile ministère, c'est-à-dire l'ordre, l'harmonie, n'exerçant pas une royauté accidentelle, par des circonstances fortuites, mais revêtus dans un coin du monde d'une souveraineté réelle et complète, et pouvant ainsi aspirer au règne universel, c'est là l'éternel ennemi désigné à la rage de l'esprit de révolte.

Nous ne pouvons avoir la prétention d'entrer ici dans une discussion théologique pour convaincre nos adversaires; l'autorité nous manque aussi bien que le temps. Ce que nous désirons, ce qui nous semble éminemment opportun, ce n'est point de faire rendre les armes aux ennemis de la Papauté, — à la veille d'un triomphe qu'ils croient assuré, il serait vain de l'espérer, — c'est d'aider les catholiques, dans la mesure de nos forces, à chasser les influences délétères de l'atmosphère empoisonnée que nous respirons. Nous chercherons à leur montrer ce qu'est le pouvoir temporel, quel est son rôle, ce qu'il a fait pour le monde et la France en particulier, et quels seraient les résultats de sa dissolution. Mais avant d'aller plus loin, il est nécessaire de poser quelques principes, et de voir comment du pouvoir spirituel de l'Église découle ce pouvoir temporel que tant d'esprits considèrent comme un accident historique, et auquel ils n'attribuent d'autre origine que celle d'une donation de territoire faite par des princes chrétiens et habiles qui auraient pensé à rendre ainsi la chaire de Pierre complice de leurs projets ambitieux.

L'Église est un royaume, une société véritable et non une association volontaire d'hommes unis par une adhésion commune à une même doctrine, libres de s'en séparer comme ils ont été libres de l'accepter; son pouvoir ne s'exerce pas à l'aide d'une popularité changeante qui pourrait accroître ou diminuer son autorité suivant ses fluctuations capricieuses. Elle enseigne au nom de Dieu ; ceux qui reçoivent cet enseignement font partie de son royaume qui est le royaume de Dieu manifesté dans le temps, et l'autorité de sa parole ne dépend point, comme celle de la parole humaine, du plus ou moins de faveur que les hommes peuvent lui accorder. L'Église est une société ; nous admettrons ceci comme une vérité indiscutable, sans apporter les preuves nombreuses qui ne nous feraient pas défaut. Qu'il nous suffise de dire que toute doctrine n'aspirant pas à fonder un ordre social à son image est indigne de porter le nom de religion et ira bientôt rejoindre dans leur tombe ces systèmes, ces théories éphémères qui brillent un instant, séduisent des intelligences subtiles et délicates, puis disparaissent sans laisser trace de leur passage, comme ces embarcations élégantes et légères dont la course rapide n'agite que la surface des eaux. Si maintenant quelqu'un était tenté d'adresser ce reproche à l'Eglise catholique, dix-huit siècles de durée, une civilisation nouvelle s'élevant sur les ruines de l'empire romain, la barbarie, pétrie par sa main puissante, devenant l'Europe chrétienne, une force expansive que la distance et les obstacles ne lassent point, telle serait notre réponse.

Mais, au reste, nous n'avons rien à redouter de ce côté. C'est cette prétention d'être une société complète vivant, de son existence propre, qui de tout temps a soulevé le plus de colères contre l'Église ; et il y a là plus qu'une prétention, il y a un fait que repoussent ses ennemis comme une usurpation dangereuse sur les droits de l'État. Or, toute société a pour base la force, principe transcendant et supérieur à la volonté de l'homme, la force *spirituelle* qui est la justice, dont la loi est l'expression plus ou moins parfaite, suivant le niveau moral des individus, et la force matérielle ou *temporelle* qui en est la sanction ; c'est ainsi que toute société diffère de l'association dont le caractère distinctif est de rester volontaire, l'une a pour principe l'autorité, l'autre la liberté. Le pouvoir temporel des Papes, conclurons-nous, était donc contenu virtuellement dans le pouvoir spirituel que leur a donné Celui qui a toute puissance au ciel et sur la terre. Si l'Église est privée de ce pouvoir, sa souveraineté est atteinte, la société chrétienne reçoit une profonde blessure et retourne aux catacombes. Mais, dira-t-on, le pouvoir temporel est une arme inutile ; pendant 300 ans les Papes ne l'ont pas exercé ; restreint à un territoire enfermé dans d'étroites frontières, sa chute ne peut atteindre le règne du pouvoir spirituel qui, lui, ne connaît pas de limites. Nous nous proposons de répondre à la première objection et de montrer comment le pouvoir temporel sert le pouvoir spirituel des souverains Pontifes en lui donnant la plénitude de son action bienfaisante et réparatrice.

Le pouvoir temporel a pour but d'assurer le libre exercice du pouvoir spirituel et de faire pénétrer sa sève fécondante dans l'organisme social des peuples chrétiens.

Pendant trois siècles, il est vrai, les Papes n'ont exercé

aucun pouvoir temporel et l'Eglise n'en a pas moins vécu, subsistant, en vertu de la vie surnaturelle qu'elle puise dans le Christ et dans ses promesses, au milieu d'une société qui la niait et la proscrivait. Conduits par une force supérieure à leur volonté dans cette Rome, centre du monde dont la monstrueuse unité devait hâter le triomphe du christianisme et offrir en même temps aux siècles futurs le spectacle hideux d'un despotisme fangeux et sans frein, les Papes n'y restèrent qu'à la condition de mourir. Les chrétiens furent livrés aux bêtes, les chevalets et les fouets déchiraient leur corps, se disputant un reste de vie que les tortures avaient parfois oublié; mais les déserts se seraient dépeuplés de leurs hôtes farouches, les instruments de supplice se seraient usés, avant d'épuiser le peuple des martyrs. Dix persécutions tentèrent de les noyer dans leur sang et ne purent éteindre cet empressement serein qui les menait à la mort comme des fiancés aux fêtes des noces ; et ce sang généreux abreuvait le sol romain, en faisait une terre chrétienne, d'où s'élevait vers le ciel, comme un pur encens, une vapeur bienfaisante qui retombait en une pluie féconde, faisant partout germer la semence du Christ. C'est ainsi que l'Église a frayé sa route, c'est ainsi qu'elle s'est emparée de Rome ; n'est-ce pas là un droit de conquête qui vaut bien, à tout prendre, celui que nous entendons invoquer bruyamment en faveur des gros bataillons ?

Et ces pages glorieuses de nos annales, certains hommes prétendent s'en faire une arme contre nous ! Pierre crucifié, trente de ses successeurs mis à mort, trois siècles qui forment sur l'histoire du monde une immense tache de sang, voilà ce qu'ils appellent la simplicité primitive ; et sous ce nom menteur c'est l'avenir que nos Pharisiens impudents saluent de leur hypocrite enthousiasme! La papauté se meurt, ils veulent la sauver, la chose est simple à leur avis; sans doute il faudra la crucifier un peu; aussi voyez, ils tiennent les clous et le marteau, leur dévoûment bravera l'indignation des âmes honnêtes dont ils plaignent l'égarement et la folie. Eh bien! cette tendresse du bourreau, cette abnégation du traître, que vous en semble? Ne croyez-vous pas entendre Judas livrant son Maître, pour que les Ecritures soient accomplies et le salut du monde opéré? Mais non, Judas lui-même n'a pas plaidé la cause de son crime, il a voulu rendre le prix de la trahison, les hommes le refusèrent, il alla le porter à la mort; ceux-ci le touchent chaque jour et ne le rendent à personne. Ils plient le genou, courbent le front devant le Pontife, et lui offrent avec un respect dérisoire, le manteau d'écarlate, la couronne d'épines et le roseau pour sceptre! Arrière misérables, Juifs impurs du prétoire, arrière! A votre ricanement stupide, à vos airs doucereux et lâches, je préfère les rugissements du lion révolutionnaire, sa crinière fauve et sa griffe sanglante qui réclame sa victime.

Après trois cents ans d'une lutte acharnée, la Papauté resta maîtresse du champ de bataille; elle avait prouvé sa vitalité, maintenant elle va régner. Nous l'avons déjà dit, en même temps que l'autorité spirituelle, elle avait reçu, comme un dépôt, la puissance temporelle. Mais ce qui est présent à l'œil éternel de Dieu se manifeste pour nous dans la succession des temps, et les décrets de l'infinie Sagesse voulaient que le sang des martyrs, l'héroïsme des Pontifes, préparassent le monde à l'inauguration de ce règne nouveau dont la toute-puissance ne devait pas encore éclater. Si nous avons vu, ce qui n'existe dans aucune autre société, l'Église, à cause de son origine divine, pouvant exercer son pouvoir spirituel indépendamment de tout pouvoir temporel, nous constaterons également qu'elle se trouve dans cette alternative : ou être persécutée, ou être triomphante. Chaque fois que la société naturelle est en révolte contre la société surnaturelle, ouverte ou cachée, hypocrite ou violente, la persécution sévit. Aucune puissance humaine ne saurait anéantir la souveraineté spirituelle de l'Église; mais la guerre peut être déclarée et tant que la victoire n'est point décidée, le champion qui restera vainqueur ne jouit pas de tous ses droits.

La conquête de Rome par les Papes fut lente et douloureuse; ils avaient combattu le bon combat, l'ennemi fut terrassé. Alors parut Constantin; l'Empire courbe la tête et reçoit le baptême, il abandonne Rome à ses futures destinées, traverse les mers et va se fixer à Byzance. L'Église possède une existence légale et elle va désormais *librement* exercer sur les âmes son autorité spirituelle. Ainsi le vieil empire vaincu allait chercher une capitale nouvelle, Rome restait aux mains des héritiers des martyrs et la Providence se servait de l'héritier des persécuteurs pour accomplir ce grand fait historique. Contrastes saisissants, rapprochements sublimes que certains esprits attribueront aux combinaisons capricieuses d'un hasard aveugle et dans lesquels nous nous plaisons à voir passer la justice de Dieu.

La Papauté venait de remporter sa première victoire; la liberté de son ministère apostolique était assurée, et Constantin, en consommant la séparation de Rome et de l'Empire, posait la première assise de son pouvoir temporel; mais les mains de l'empereur étaient trop païennes encore pour mériter l'honneur de lui apporter l'arme dernière qui devait transformer le monde par l'avénement du règne du Christ dans tout le rayonnement de sa gloire.

L'Église n'est pas seulement une société complète, sa vocation est de devenir la société universelle. Cette vocation a pour résultat d'en faire non plus seulement une reine investie des prérogatives d'une souveraineté paisible et restreinte, mais une reine guerrière. Ce rôle militant de l'Église a excité contre elle la haine des rois d'abord, et des peuples ensuite.

Dans la société naturelle, l'autorité et la liberté sont en lutte permanente, chaque fois qu'elles s'insurgent contre la société spirituelle. Notre nature révoltée a rompu l'ordre divin; nous séparons ce qui devait être lié, nous semons une guerre fratricide là où devaient régner l'harmonie et la paix, notre raison impuissante et stérile brise partout l'union que l'esprit a formée et féconde de son souffle; au règne de la vie nous préférons le règne de l'égoïsme. C'est lui, l'égoïsme homicide, qui fait éclater au sein des sociétés l'antagonisme mortel de l'autorité et de la liberté, il excite leurs convoitises, les précipite sur la pente irrésistible qui mène, l'une au despotisme, l'autre à l'insurrection, et assure ainsi son triomphe en arrêtant tout progrès et toute vie. Car l'égoïsme a horreur de la vie; il va la tarir dans ses sources les plus profondes et se détourne avec dégoût de tout embrassement fécond. Lui, lui seul, toujours lui, il s'aime d'un amour éperdu, ses tendresses sont effroyables, mornes et froides comme la solitude, et il ose étaler fièrement à nos regards, pour preuve de sa puissance, les enfantements monstrueux de cet amour d'eunuque! La putréfaction du cadavre sera-t-elle donc la fécondité? Et la mort en nous montrant avec orgueil ses légions hideuses de vers qui fourmillent dans les tombes, osera-t-elle nous crier : Je suis la vie ?

Liberté, autorité, une fois séparées, un duel à mort commence entre vous ; au lieu de trouver votre développement légitime dans l'union à laquelle vous avez été destinées, vous ne le cherchez plus que dans une victoire où l'une de vous deux périra. Phares sacrés des sociétés, vos flammes en s'unissant, sous le souffle puissant de l'Esprit, forment une colonne lumineuse qui dirige les hommes dans leur marche et répandent sur eux le chaud rayonnement de leur mutuel éclat; tandis que le vent destructeur de l'égoïsme les divise violemment, vous jette à terre, flambeaux de lumières, et fait de vos débris deux torches d'incendie dont la lueur sanglante n'éclaire plus les peuples, mais les fascine ; ils vont de l'une à l'autre, entraînés par le vertige, jusqu'à ce qu'ils tombent épuisés, devenus les jouets fragiles d'un flux et reflux continuel qui les roule sous ses vagues. Qui donc bénira l'alliance nécessaire de la liberté et de l'autorité ? Ah ! ici c'est encore l'Église ! mais l'Eglise en possession de sa souveraineté complète. Avec elle l'humanité s'est affranchie lorsqu'elle a vaincu le vieux monde romain, par elle les sociétés s'organisent et sa bannière bienfaisante les conduit au progrès.

Investis de la royauté civile, les Papes ne convertiront plus seulement les âmes, ils interviendront comme médiateurs entre les rois et les peuples et fonderont un ordre social chrétien ; ils seront les instruments glorieux de l'Esprit qui est avec eux jusqu'à la consommation des siècles, de l'Esprit qui est la communion ineffable du Père et du Fils, et qui seul peut réconcilier la liberté avec l'autorité. Car les mystères de l'homme s'éclairent à la lumière des mystères de Dieu ; et c'est aux arcanes mêmes de l'essence divine qu'il faut demander les secrets que la raison nous refuse.

Une main invisible préparait silencieusement la seconde victoire de la Papauté. A ce règne nouveau il fallait un peuple neuf ; les barbares étaient là, prêts à recevoir le signal de la volonté souveraine qui les avait chassés de leurs forêts. Leurs multitudes armées rongeaient sans repos, depuis près de deux siècles, les frontières démesurées de l'empire qui ne leur opposaient plus qu'une digue impuissante. De jour en jour leurs rangs se serraient ; un flot impétueux, venu d'Orient, poussait victorieusement devant lui ces hordes sauvages. Sous l'effort et le nombre l'empire cède et le torrent indomptable bondit, se précipite en cataractes furieuses ; tout ploie, tout disparaît sous son écume vengeresse. Où vont ces hommes ? ils ne savent, et leurs chefs répondent qu'ils obéissent à une voix mystérieuse. La justice de Dieu passait sur la gloire des Césars et suscitait ces exécuteurs farouches : Alaric, Genséric, Attila. Le sang des martyrs t'a donnée, ô Rome, à tes Pontifes ; les barbares vont leur soumettre le monde. Avant que leur œuvre soit accomplie, ils t'assiégeront, ils te pilleront, ils te ravageront ; mais tes souffrances, tes blessures te sacrent reine et te désignent au respect universel.

Les barbares, à leur tour, reçoivent le baptême, et acceptent joyeux la douce loi du Christ. L'expérience est faite ! expérience plus certaine, plus décisive assurément que celle dont M. Ricasoli, dans sa dernière circulaire, pronostique l'infaillible succès. L'Église a prouvé qu'elle savait, non-seulement, vivre au milieu des persécutions, mais encore qu'elle possédait la puissance de discipliner les hommes, fussent-ils des barbares, et de créer un nouvel ordre social. Ne sont-ce pas là des titres imprescriptibles à la royauté spirituelle comme à la royauté temporelle?

Déjà Dieu avait fait son choix; une des plus petites entre toutes les nations barbares était appelée par lui à faire monter la Papauté sur la dernière marche du trône magnifique qu'il lui avait dressé dans ses desseins éternels. Pépin et Charlemagne viennent enfin; jusqu'alors les Papes, souverains de fait de Rome, n'avaient exercé leur puissance temporelle qu'en vertu d'une soumission volontaire à leur ascendant moral. Charlemagne défait les Lombards, donne au pape Léon III la garantie de son épée, et par là conquiert la gloire d'être l'instrument providentiel destiné à constituer réellement le pouvoir temporel de la Papauté. Le principat romain est désormais une cause universelle et française; l'Empereur, représentant la société naturelle, se fait volontairement le serviteur de l'Eglise, qui est la société surnaturelle, et signe le contrat de foi et d'hommage. Sous Constantin, l'empire avait laissé les souverains Pontifes maîtres de Rome; l'empire, sous Charlemagne, se soumet magnanimement à eux, et leur donne une royauté qui ne connaîtra d'autres limites que celles mêmes de l'amour des nations pour le Christ et de leur obéissance à sa loi. Et afin que la haine aveugle des peuples, ou l'orgueil des rois ne puissent suspendre violemment l'action vivifiante de la suprématie sociale de l'Église, la Providence, par les mains de Charlemagne, place le Pontife romain dans l'indépendance de la royauté, et assigne aux princes de la terre le poste magnifique de sentinelles de cette indépendance.

Dès lors le peuple franc fut armé chevalier du Christ et de son Eglise; un immense empire lui appartenait, et il allait

sans doute prendre dans le monde une place prééminente. Mais il plut à Dieu de montrer aux hommes le prix inestimable du don qu'il leur faisait en plaçant toutes les couronnes sur le front de son Vicaire, et de faire comprendre à la nation française qu'elle ne saurait abandonner impunément la cause qu'il lui confiait.

Pendant plus d'un siècle et demi, les Papes furent les jouets des factions romaines, et l'on vit deux femmes exercer leur scandaleux empire sur la chaire de Pierre, abandonnée, sans appui, sans secours, n'ayant plus qu'un pouvoir nominal, souvent enfreint et méconnu. Ce que furent pour le monde ces épreuves de la Papauté, l'histoire sombre du xe siècle nous le dit assez. Les faibles successeurs de Charlemagne n'avaient pas su marcher dans la voie ouverte devant eux, ils renoncèrent à l'auguste mission de défendre le Pontife-Roi; les empereurs d'Allemagne recueillirent cet héritage et avec lui leur puissance.

La France ne pouvait plus longtemps oublier sa vocation divine. La lutte de la Papauté et de l'empire se déclare, et, pendant les XIe et XIIe siècles, le peuple français se prépare à reprendre son rôle dans le monde. Déjà au xe siècle, l'illustre fille de Saint-Benoît, la grande abbaye de Cluny, avait étendu ses racines dans le sol français; elle élevait dans son sein ces légions de moines qui devaient remplir l'univers de leur gloire et de leur sainteté, faire briller le trône pontifical d'un nouvel éclat et apprendre aux hommes que, si l'Eglise voit parfois sa lumière obscurcie par des ministres indignes, elle a en elle les germes mystérieux qui font de son histoire une résurrection continuelle.

Nous écrivons ces lignes avec la pensée de tracer l'esquisse incomplète d'un livre que nous voudrions voir faire à de plus habiles, mais que nous n'oserions entreprendre. Notre but sera atteint si nous réussissons à inspirer à nos lecteurs l'envie de contempler les perspectives profondes que nous n'avons pu qu'entr'ouvrir.

Nous n'essayerons donc pas de raconter en détail ce que le pouvoir temporel des Papes a fait pour le monde et pour la France; il faudrait remplir des volumes. Nous nous contenterons de nommer les croisades, de rappeler l'Europe sauvée de l'Islamisme, la fédération des nations chrétiennes dans laquelle les rébellions des peuples comme les usurpations des princes ne se légitimaient point par la loi brutale des faits accomplis, mais trouvaient un juge sévère et juste dans la personne des Papes. Nous saluerons en passant l'époque merveilleuse qu'ouvre le règne d'Innocent III, qui devait produire Saint-Louis, ce XIIIe siècle, dont nous ne pourrions chanter dignement les gloires immortelles et sans nombre, qui fut l'épanouissement complet de la vie chrétienne dans les âmes et dans les sociétés.

Ici, la Papauté atteint l'apogée de son règne. Nous avons cherché, dans les pages qui précèdent, à montrer ce qu'était le pouvoir temporel, quelle était son origine; nous avons suivi la voie longue et sanglante qu'il a parcourue pour arriver à son triomphe définitif. Avant de quitter ce sujet, nous ajouterons un dernier mot.

L'autorité spirituelle exige si bien une puissance temporelle, que l'erreur elle-même l'a compris; en Angleterre et en Russie l'hérésie et le schisme se sont couronnés. Mais si, dans l'erreur, le pouvoir temporel absorbe l'autorité spirituelle et crée le despotisme de la matière sur l'esprit, dans la vérité, l'autorité spirituelle reste distincte du pouvoir temporel, elle ne l'absorbe pas, elle ne s'en sépare pas, elle se le subordonne et enfante le despotisme de l'esprit sur la matière.

Il ne faut pas craindre de le dire, l'autorité de l'Église est despotique, despotique et intolérante à la façon de la vérité, car la vérité n'existe qu'à cette condition ; le jour où elle accepte les transactions d'une tolérance polie, elle disparaît, sa vie tout entière est dans ce cri d'intolérance suprême : tout ce qui n'est pas moi n'est que mensonge !

La vie de l'Église renferme les mêmes mystères que celle du Christ, son époux, et l'Incarnation projette sur elle ses clartés victorieuses. Les œuvres de l'Esprit sont toujours semblables à elles-mêmes, mais elles se graduent suivant leur excellence ; la puissance spirituelle et temporelle de l'Église nous apparaît comme un reflet de l'union adorable, dans le Christ, de la nature humaine et de la nature divine. Dès le commencement, deux hérésiarques célèbres indiquèrent aux hommes les deux tranchées à suivre pour donner assaut au dogme sauveur; l'un confondait les deux natures, l'autre les séparait. La guerre qu'ils avaient allumée contre le Christ, leurs successeurs l'ont renouvelée contre l'Église. Eutychès et Nestorius ont passé, le dogme est resté; anathème aux Eutychès et aux Nestorius modernes ! ils passeront aussi et l'Église demeurera.

Le pouvoir temporel, après avoir assuré l'indépendance des Papes, a donc eu pour seconde mission de les mettre en rapport direct avec les pouvoirs civils, de soumettre, par leur autorité modératrice, la société naturelle à la société surnaturelle, d'établir ainsi le règne de l'ordre et de conclure l'alliance nécessaire de la liberté et de l'autorité en travaillant sans repos à faire cesser la lutte fatale qui tend à les confondre ou à les séparer. Il nous reste maintenant à rechercher quelles seraient les conséquences générales de la dissolution dont on menace le pouvoir séculaire des souverains Pontifes.

L'Église avait partout creusé ses sillons; pendant le XIIIe siècle toutes les nations et la France en particulier reçurent dans leur sein fécondé la semence auguste que la Papauté jetait à pleines mains sur le monde. Soit, nous dira-t-on, vous avez existé, vous n'avez même pas été dépourvus de quelque grandeur, mais vous ne pouvez plus être; à vous entendre, ce XIIIe siècle, qui enflamme si fort votre enthousiasme, renfermerait toute l'histoire de notre pays; depuis cinq siècles pourtant la France n'a cessé d'accroître sa puissance, bien qu'elle n'ait pas toujours été la fille tendre et soumise du trône pontifical. Ah! ceux-là qui tiennent ce langage, ignorent la jeunesse éternelle du Christ. Ils nous accordent dédaigneusement le passé et prétendent en tirer la condamnation de notre avenir; insensés qui ne veulent ni voir ni comprendre! Pouvoir dire avec orgueil ce que l'on a été, n'est-ce donc pas un gage d'avenir plus certain que vos rêves sans veille et peut-être sans lendemain? Ce que nous avons fait, nous pouvons le faire encore, notre marche est assurée, nous savons où nous allons; mais vous, théoriciens de la démolition, vous suivez les arabesques capricieuses que votre fantaisie trace à coup de marteau, vous annoncez des horizons radieux que nul œil n'a contemplés, vous mutilez la vérité pour la mettre à votre usage, et ses tristes lambeaux deviennent dans vos mains des amorces trompeuses que vous jetez aux peuples affamés.

Sans doute, la France a eu ses heures de révolte contre la royauté de Pierre et n'est pas moins restée la nation puissante et enviée entres toutes. Comme ces grands arbres dont les troncs abattus par l'orage continuent à se couvrir de jeunes pousses verdoyantes, elle a vécu jusqu'ici, malgré ses fautes et ses défaillances, de la séve chrétienne qui coule encore dans ses veines rebelles. Et puis, n'a-t-elle pas cruellement expié l'oubli de sa vocation providentielle? Il est vrai, l'expiation définitive s'est fait longtemps attendre, si longtemps même, que certains esprits n'aperçoivent plus les anneaux mystérieux qui relient l'effet à la cause ; mais le châtiment a marqué dans notre histoire ses lugubres étapes, jusqu'au jour terrible où il déchaîna ses légions vengeresses, et, dans sa tourmente furieuse, balaya comme un brin de paille toute la vieille société vermoulue.

La nation française avait trahi ses devoirs, le plus pur de son sang fut versé ; ses rois avaient été infidèles, le plus doux, le plus juste d'entre eux monta sur l'échafaud. Et, dès le commencement, les avertissements célestes ne manquèrent jamais à la fille aînée de l'Église; son dévoûment à la Papauté fut toujours le régulateur de sa puissance; les pestes, les famines, les révoltes intérieures, l'étranger maître chez elle, les luttes longues et sanglantes, les guerres civiles avaient été la punition de ses égarements. C'est ainsi que le grand œuvre de la Rédemption se poursuit dans les sociétés ; depuis la croix le châtiment n'est pas seulement la satisfaction de la justice de Dieu, c'est de plus l'expiation qui peut absoudre et régénérer.

Nous avons assurément un grave défaut ; c'est de parler de principes à une génération uniquement absorbée par des intérêts, de réfléchir, de juger en n'interrogeant l'histoire qu'à la clarté du christianisme, et cela, devant la libre pensée, nom de guerre que porte aujourd'hui la liberté de ne pas penser, en face de la critique moderne débitant avec succès, en gros et en détail, le travestissement historique. Défaut vraiment capital et pour lequel nous avons l'impertinente sottise de nous souhaiter l'impénitence finale.

Peu de temps après Saint-Louis, la prééminence des Papes est attaquée de nouveau, l'édifice social qui reposait sur elle commence à s'ébranler; attendons quelques instants, la Réforme va lever l'étendard de la révolte, les Papes ne seront plus les grands justiciers du monde et la monarchie française, en consentant au divorce fatal de la société civile avec la Papauté, préparera la crise moderne que traverse le Saint-Siége.

Clément VIII paraît encore au traité de Vervins, revêtu de cette suprématie glorieuse, jalouse d'exercer son ministère de justice et de paix. Il désarme les combattants et force les Espagnols à rendre Calais à la France; quelques années plus tard, Henri IV recevait de ses mains la Bresse et le Bugey, conquête pacifique qui nous acheminait vers le complément de notre unité territoriale. A la veille de quitter la scène politique, tels étaient les adieux de la Papauté à la France; réponse sublime du successeur de Boniface VIII aux violences d'Anagni! Quarante-sept ans après, à la suite de cette guerre désastreuse de trente ans, où nous avaient entraînés deux cardinaux, politiques habiles, si l'on veut, mais, à coup sûr, fort minces chrétiens, notre pays consacrait dans un traité fameux la déchéance politique des Papes.

Cependant Dieu se taisait, il se recueillait pour mieux confondre l'orgueil des hommes. C'était l'époque du grand roi; l'éclat de son soleil empêcha les peuples de s'apercevoir tout d'abord de la nuit sombre que commençait à produire le déclin de l'astre pontifical. Cette couronne de France, qui ne connaissait point de rivale, allait, par une première chute, s'enfoncer dans le bourbier, pour de là tomber sur un échafaud et faire oublier sa fange dans le sang et dans l'exil. Mais en passant devant ces grandes infortunes, disons à l'honneur des rois de France, que, si la colère de Dieu s'est appesantie sur eux, les instruments chargés d'exécuter ses sentences les ont toujours frappés comme les Rois très-chrétiens.

Le droit cède la place au fait. Les traités de Westphalie sont les premiers où la voix du vicaire de Jésus-Christ ne se fait plus entendre ; ils ouvrirent la porte au naturalisme politique, en semant les germes de ce principe morbide des nationalités, avec lequel de nos jours on a fait beaucoup de bruit et de besogne, de la mauvaise surtout ; à la force morale qui unissait les peuples chrétiens, ils substituèrent cette ingénieuse pondération d'intérêts que nous nommons l'équilibre européen. Eh bien ! l'équilibre européen lui-même, dernier boulevard de l'indépendance des peuples, croule de toutes parts ; la brèche est ouverte, et il n'est si petit potentat qui ne puisse, à son gré, bouleverser la carte. C'est que l'équilibre européen peut être une combinaison plus ou moins habile, un palliatif plus ou moins efficace ; il ne sera jamais qu'une création de la raison humaine, venant demander à la force matérielle l'enseignement du droit.

Le droit public rompait donc avec sa tradition chrétienne ; le Pape restait prince, il était encore pontife et roi de Rome ; il n'était plus le Pape-roi ! La Papauté revient à ce point de la route parcourue où elle s'était trouvée après Constantin, avec cette différence que là elle montait et qu'ici elle descend. Les hontes de Louis XV, le partage de la Pologne, le philosophisme du XVIIIe siècle, l'abaissement des anciennes puissances catholiques, l'élévation des puissances schismatiques et protestantes, les mêmes qui nous inquiètent tant aujourd'hui, tel est le lugubre ensemble qui suivit les traités de Wesphalie, digne prélude du drame révolutionnaire.

Nous avons contemplé l'ascension progressive des Papes, nous venons d'assister au déclin de leur puissance; nous avons vu d'un coup d'œil incomplet et rapide ce qu'il en a coûté aux royaumes de la terre pour avoir voulu s'affranchir de leur tutelle prévoyante. A l'heure présente, toutes les troupes de l'ennemi sont sous les armes; ce ne sont plus seulement les têtes couronnées qui, dans leur orgueil effréné, déclarent la guerre au Pontife romain ; les peuples se sont levés à leur tour, ils ont appris comment se brisent les trônes; sûrs de leur force, ils ne craignent plus leurs maîtres et se liguent avec eux contre la royauté du Christ. Et qu'on ne nous crie pas : cette guerre impie va transfigurer le monde, les nations sont dans l'enfantement de quelque transformation grandiose; c'est plutôt en enfance qu'il faudrait dire, car la décrépitude a tracé sur leur face ses rides profondes.

La Révolution française a élargi l'abîme entre les peuples et l'Église. La société civile apostasie; l'État moderne tend de plus en plus à séparer le citoyen du croyant, séparation fatale qui affaiblit l'un et commence la persécution pour l'autre. L'air respirable manque aux catholiques; eux qui étaient rois, ils ne jouissent plus que d'une tolérance vexatoire; car leur royauté demeure ignorante des compromis diplomatiques, elle ne connaît d'autre alternative que le Calvaire ou le Thabor, la persécution ou le triomphe; la tolérance convient aux hommes faits pour servir, mais non pas à ceux qui sont nés pour régner. L'asphyxie nous saisit à la gorge et nos adversaires nous accordent généreusement un peu d'air fétide tout chargé des miasmes qu'ils répandent.

Les bases essentielles des sociétés catholiques sont également renversées : la loi du dimanche ne peut plus être observée que par le petit nombre, par ce groupe restreint des heureux et des oisifs qui échappent aux engrenages monstrueux d'un industrialisme sans conscience et sans entrailles; le mariage chrétien est abandonné aux convenances et au caprice ; l'organisation chrétienne du travail n'existe nulle part, l'atelier tue la famille. En un mot, nous sommes chassés de toutes nos positions, enfermés dans ce dilemme : ou passer à l'ennemi, ou mourir.

Si vous êtes riche, si vous n'avez besoin de rien demander au travail quotidien, si vous êtes né dans un monde qui conserve quelques notions du respect, si vous réunissez toutes ces conditions et plusieurs autres encore, vous pourrez, à votre guise, rester chrétien ; à l'homme du peuple cela est interdit. Oui, il vous sera permis d'être chrétien, chez vous, dans votre salon, dans votre château, pas même dans la rue; car la rue est à tout le monde, au saltimbanque, au marchand, à la prostituée, excepté à vous, disciple du Crucifié ! Ainsi le veut une liberté menteuse. Ne voyez-vous pas que vous portez à votre front, à vos mains, à vos pieds, les stigmates du divin Maître, et que cela offense et que cela dégoûte ces hommes bien élevés et ces femmes délicates !

Les sociétés sans croyances et sans mœurs, la loi, cette expression souveraine de la justice, la loi devenue athée, voilà les fruits de la déchéance politique des Papes. C'est en présence de tels faits que la folie humaine, non contente des ténèbres qu'elle a amassées autour du foyer lumineux de la vérité, s'efforce encore de l'éteindre et de disperser ses cendres aux quatre vents ! Et nous, catholiques, que faisons-nous ? Nous restons plongés dans une torpeur coupable, dans une inertie criminelle; nous sommeillons alors qu'il faut veiller. Nous nous laissons aller au jeu futil et sot de la critique et du blâme; en France surtout l'on trouve commode de s'absoudre soi-même et de s'attribuer un prétendu droit à une superbe inaction en se parant de la couleur populaire d'une opposition stérile. Nous poursuivons le gouvernement de nos plaintes et de nos murmures, mais un gouvernement n'est jamais que l'expression de la valeur morale d'un peuple ; il nous appartient de l'éclairer dans ses actes, nous préférons l'irriter par nos lazzis et nos reproches impuissants. Non, non, catholiques, ce n'est pas le gouvernement que vous devez attaquer, c'est vous-mêmes ! Qu'avons-nous à faire, direz-vous? Vous pouvez lever la tête, ce me semble, au lieu de vous attrister sur une bataille perdue que vous n'avez pas livrée, et de prendre ces airs de timidité malséante ou d'agression sans portée. Soyez prudents, mais ne soyez point lâches; parce que le mal grandit, ne vous rapetissez pas ; plus de querelles entre vous, plus de divisions, serrez vos rangs, afin que l'ennemi frappe à coups sûrs et puisse vous compter ; peut-être votre nombre et votre intrépidité arrêteront-ils son bras. Sachez-le, la responsabilité des événements pèse sur vous ; de votre attitude dépendent le sort de Pie IX et le salut de la France.

La Papauté monte au Calvaire, la croix ne l'effraye point, c'est dans le signe rédempteur qu'elle puise sa force. Si Pie IX voit les catholiques réunis avec amour autour du Siége pontifical, dans une mâle attitude, prêts à tous les sacrifices, à tous les héroïsmes; s'il ne craint pas la dispersion du troupeau, il s'élancera joyeux et serein sur la voie douloureuse pour conserver intacts les grands principes d'ordre social commis à sa garde; mais s'il voit les fidèles désunis, pusillanimes et tremblants, alors son âme connaîtra l'effroi, car la croix pour lui, c'est aussi la croix pour nous; plutôt que de provoquer les désertions, il se résignera à boire jusqu'à la lie la coupe des transactions permises, il acceptera, triste et désolé, l'éponge de fiel que lui offriront les mains de ses enfants.

Un amour sans bornes pour le Chef de l'Église, un amour éclatant et non pas silencieux, un maintien digne et ferme peuvent seuls déjouer la vaste conspiration qui se trame contre nous. L'ennemi à combattre, ce sont les baisers venimeux, les caresses énervantes; le mancenillier croît sur notre sol, il se dresse au milieu de nous, étendant sur nos têtes ses rameaux immenses, et leur ombre mortelle. Le Pape errant ou dépouillé, ce serait la confusion dans la société catholique; de tolérés que nous sommes, nous deviendrions proscrits. Un martyre de toute les heures nous attend, martyre lent et sans gloire, plus difficile à affronter que celui des premiers âges; car la persécution violente ne nous menace point, tout est petit et mesquin à notre époque. La cruauté des Césars avait ces proportions colossales qui sont comme la contrefaçon de la grandeur, les productions de notre siècle n'ont pas cette énergie. Le monde n'appartient plus à Néron, c'est Julien l'Apostat qui règne! Où règne-t-il?.... Libre à chacun de le placer sur un trône de son choix.

France de saint Louis, France des croisades, arrête-toi sur la pente glissante où tu es engagée. Depuis trop longtemps déjà tu te prépares à signer ton acte de bâtardise. L'exemple te vient de haut. Fils des nobles races, où êtes-vous? Ce n'est plus sur le champ de bataille des grandes causes qu'il faut vous chercher, c'est à la Bourse, c'est au

Cercle, c'est au milieu des courtisanes éhontées; et la France vous suit! Vous aussi, vous voulez déposer le fardeau pesant des ancêtres. L'élévation des caractères, la dignité, la grandeur d'âme, patrimoine sacré que l'homme a le mystérieux privilége de léguer à ses fils avec ses traits et sa force, qu'en avez-vous fait? Race épuisée, rachitique et débile, sans énergie et sans cœur, les générations futures vous croiront-elles fille de ces preux au corps d'acier, à l'âme de feu? Au siècle où nous vivons, bienheureux les bâtards! le souvenir des pères n'entrave pas leur marche. Dans ces palais tout neufs, hommes neufs aussi; avec cet or brillant, que ni l'aumône, ni les pensées généreuses n'ont usé, ils peuvent s'élancer à la conquête de leur progrès orgueilleux, sans qu'au fond du verre où trempe leur lèvre impure, la cendre des aïeux rende amère la liqueur de l'orgie. Bâtards, à la rescousse! l'avenir et ses promesses trompeuses sont là devant vous, les enseignements du passé ne viennent point attrister vos riantes perspectives. Votre acte de naissance ne porte qu'une date : 1789. A la charité universelle vous opposez la jouissance cosmopolite, c'est bien! Votre œuvre est logique. Pendant que vous étourdissez vos remords au bruit de vos plaisirs et de vos ignobles refrains, le Pontife suprême lève pour vous au ciel ses mains suppliantes et s'apprête à s'immoler comme le Christ, son maître. A nous catholiques, de nous unir à notre Chef et de participer avec lui à la gloire de cette rédemption.

Ah! nous comprenons sans peine l'accablement des âmes honnêtes, nous ne sommes point surpris que certains d'entre nous mettent leur espoir dans l'avénement d'un despote chrétien; nous leur dirons seulement que cela ne s'est jamais vu et ne se verra jamais. Dieu ne sauve les peuples que par leur libre adhésion à sa loi. Nous en savons d'autres qui se laissent emporter sur les ailes fragiles d'une imagination généreuse et rêvent une renaissance chrétienne par delà les mers. Il faut lutter contre ces illusions, filles du découragement; pour nous, nous avons une foi invincible dans l'avenir et dans notre pays.

Trente Papes ont été chassés de Rome; si Pie IX doit ajouter son nom à la liste de ces augustes fugitifs, il emportera dans ses mains l'étincelle régénératrice jusqu'au jour marqué où Dieu la rapportera dans les murs de la ville sainte. O Rome, maîtresse des nations, devenue leur mère, vingt-six siècles couronnent ton front de leur vieillesse vénérable. Toutes les grandeurs et toutes les souffrances, tu les a connues; la majesté du temps et les ruines des âges t'enveloppent d'une auréole immortelle. Tes obscurs fondateurs ignoraient, en te nommant, les destinées promises à ton nom prophétique. Ton nom signifie force, ô Rome! Tes murs ont vu passer les dépouilles de cent peuples divers, tu as attaché le monde à ton char victorieux; Ninive, Babylone pâlissent à l'éclat de ta gloire. Mais un sort plus haut t'attendait. Cette force que tu avais déifiée n'était pas le dernier sommet de ta puissance; tu devais montrer aux peuples étonnés, après le triomphe des Césars, le spectacle d'un vieillard désarmé arrêtant un César barbare. Si des pas sacrilèges doivent encore une fois fouler ton sol sacré, malheur au vainqueur! La roche tarpéienne est proche du Capitole.

8 décembre, 1866.

PARIS. — IMP. VICTOR GOUPY, RUE GARANCIÈRE, 5.

www.ingramcontent.com/pod-product-compliance
Lightning Source LLC
LaVergne TN
LVHW020308230826
846091LV00006B/2583
9782011755643